Saartje

en het Sinterklaasfeest

Esther Vliegenthart

Colofon

Geschreven door:
Esther Vliegenthart

Illustraties van:
Esther Vliegenthart

Uitgegeven door:
Graviant educatieve uitgaven, Doetinchem

© november 2016

Dit werk is auteursrechtelijk beschermd.
Copyright en overige rechten blijven voorbehouden aan:
Graviant educatieve uitgaven, Doetinchem,
telefoon 0314-345400. Niets uit deze uitgave mag worden verveelvoudigd en/of openbaar gemaakt door middel van druk, fotokopie, microfilm of op welke wijze dan ook, zonder voorafgaande schriftelijke toestemming van de uitgever.

ISBN 978-9491337949

Hoewel dit boek met zorg is samengesteld, aanvaarden de auteur noch de uitgever enige aansprakelijkheid voor het feit dat het gebruik van hetgeen geboden niet aan de behoeften of de verwachtingen van de eindverbruiker voldoet, noch voor eventuele fouten of onvolkomenheden.

Woord vooraf

Ik ben de trotse moeder van drie kinderen: twee lieve dochters en een prachtige zoon. Mijn zoon heeft autisme en ziet de wereld anders dan ik. Hij ervaart geluid, beeld en tast heel anders dan dat ik dat doe. Dat was vooral goed te merken in zijn heel jonge jaren. Hij wilde soms wel voorgelezen worden, maar keek liever niet naar de felgekleurde plaatjes of de figuurtjes in de boeken die overal weer oogcontact maakten met de lezer. Ook konden sommige verhaaltjes hem van streek maken en hem meer chaos in zijn hoofd geven dan hij al had. Zo kwam ik op het idee om voorleesboekjes te maken die passen bij zijn wereld.

"Saartje en het Sinterklaasfeest" gaat over de spannende Sinterklaastijd vanaf de intocht van de goedheiligman tot aan pakjesavond. Saartje maakt net als alle kinderen alles mee: de intocht zien, schoentje zetten, en pakjesavond vieren. Gelukkig heeft de Sint goede afspraken met Saartje gemaakt over hoe ze het feest gaat vieren. Dat is fijn!

Ik wens alle ouders en kinderen met en zonder autisme veel plezier bij het lezen van "Saartje en het Sinterklaasfeest"

Midden in een heel groot bos
Net voorbij de paddenstoel
Staat een heel lief eekhoornhuisje
Je ziet vast al welke ik bedoel

Daar woon Saartje met haar ouders
En met haar knuffel muis
Het weekend is begonnen
En daarom zijn ze lekker thuis

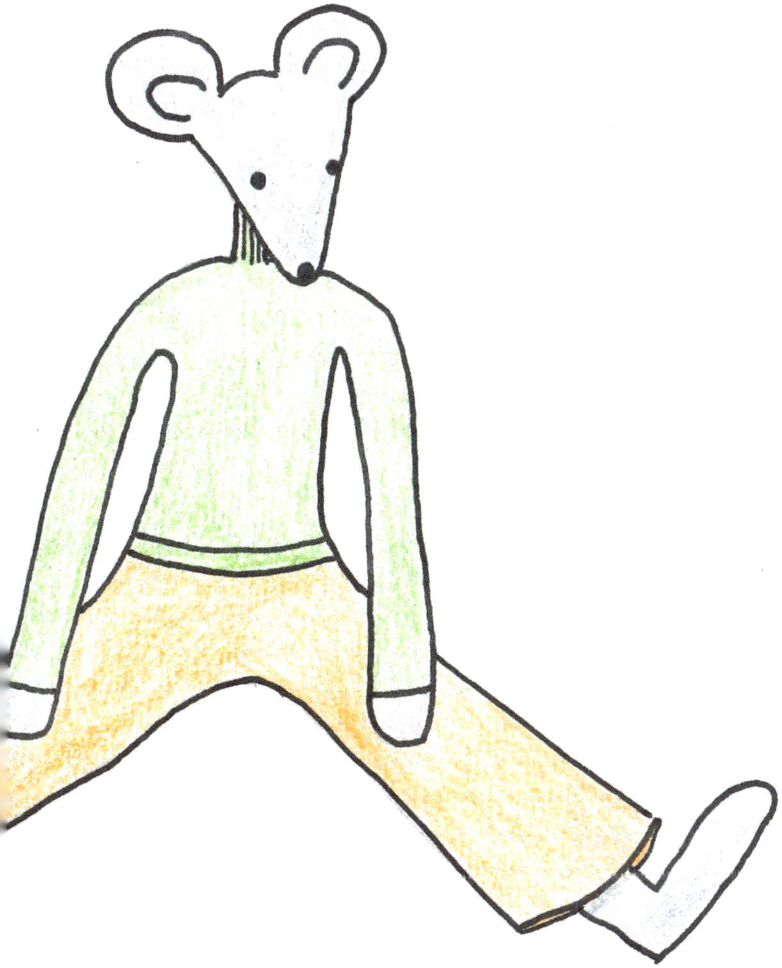

Vandaag is een speciale dag
Die komt maar een keer in het jaar
Het is de dag dat Sint weer komt
En Saartje zit al klaar

Saartje mocht van mama kiezen
Waar ze de intocht wil gaan zien
Op de steiger in de haven
Of liever op tv misschien?

Saartje kiest om thuis te blijven
Met haar knuffel voor de buis
In de haven is het vast heel druk
Dus Saartje blijft het liefste thuis

Op tv hoort ze Sint zeggen
Dat alle kindjes groot en klein
Straks hun schoentje mogen zetten
Ook als ze soms ondeugend zijn

Saartje mag twee liedjes zingen
En zet dan snel haar schoentje neer
Ze hoopt dat ze iets lekkers krijgt
Oh wat spannend is dit weer!

Als Saartje 's ochtends wakker wordt
Gaat ze als eerste naar haar schoen
Sint heeft een letter meegebracht
Ze hoopte dat hij dat zou doen

Kijk, Saartje kreeg ook nog een brief
Hij is geschreven door de Sint
Sint schrijft "ik ben heel trots op jou"
En ook dat hij haar aardig vindt

Ook schrijft hij over pakjesavond
Hoe dan alle regels zijn
Dat ze drie pakjes krijgen mag:
Een pop, een boek en ook een trein

In de brief staat dat de Sint
Er dan om zeven uur zal zijn
En dat Saartje niet in bad gaat
En laat naar bed mag, oh wat fijn!

Als het dan pakjesavond is
Gaat het precies als in de brief
Saartje krijgt ook echt drie pakjes
Oh wat is de Sint toch lief!

Dan gaat Saartje lekker slapen
Dromen van de fijne dag
Ze droomt dan van het nieuwe speelgoed
Waarmee ze morgen spelen mag

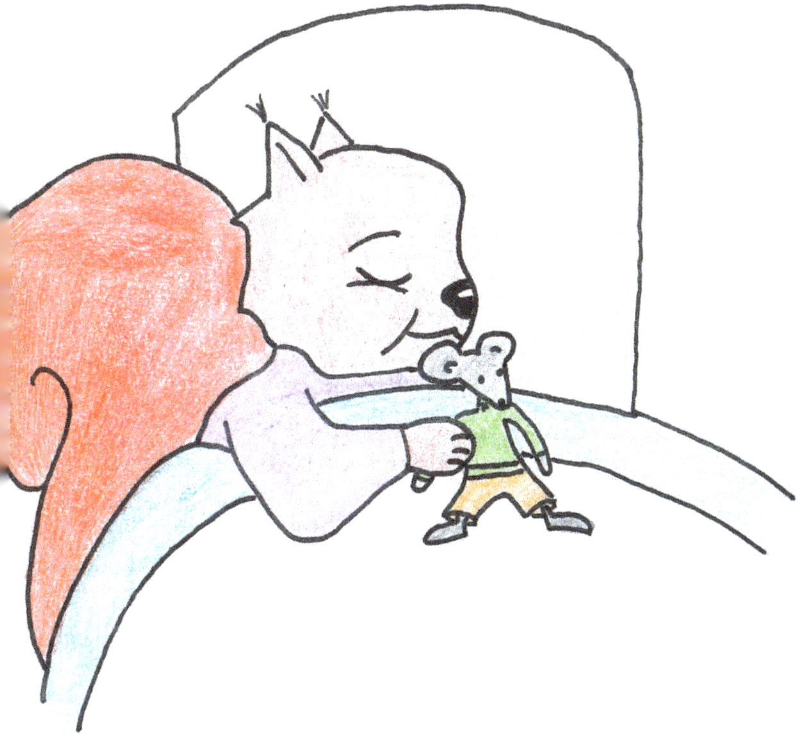

Over dit boek

Kinderen met autisme hebben een andere kijk op de wereld, beleven de wereld anders. Toch verwacht men vaak dat ze zich aanpassen aan onze wereld en beleving. Dat kost henvaak veel energie en soms ook frustratie. Daarom vond ik het belangrijk dat er voorleesboekjes kwamen die afgestemd zijn op de taal- en prikkelverwerking van kinderen met autisme, ADHD of TOS, niet óver hen, maar vóór hen. Met verhalen die aansluiten bij hun belevingswereld, waarin ze iets van zichzelf kunnen herkennen.

"Saartje en het Sinterklaasfeest" is geschreven om kinderen te helpen de spanning rondom het Sinterklaasfeest wat te doen verminderen. Ouders kunnen (een deel van) de tips die in het boekje staan overnemen voor hun eigen kinderen. Het is fijn als iedereen het feest zó kan vieren dat het hele gezin ervan kan genieten en dat voor niemand de spanning te groot wordt.

Voorspelbaarheid, herkenbaarheid en goede afspraken kunnen heel fijn en rustgevend zijn voor kinderen voor wie spanning snel te veel kan worden. Ik hoop dan ook dat alle kinderen plezier zullen beleven aan het Sinterklaasfeest zoals Saartje dat viert.

www.ingramcontent.com/pod-product-compliance
Lightning Source LLC
Chambersburg PA
CBHW041109160426
42813CB00080B/2663